Hugo Dittberner · Morgenübungen

Die LYRIKEDITION 2000 wird herausgegeben von
Heinz Ludwig Arnold

Hugo Dittberner

Morgenübungen

Gedichte

LYRIKEDITION 2000

Die LYRIKEDITION 2000 ist ein Demand Verlag der Buch & media GmbH, München. Dieser Verlag publiziert in Verbindung mit dem Hamburger Buchgrossisten Libri ausschließlich Books on Demand. Die Bücher werden elektronisch gespeichert und auf Bestellung gedruckt, deshalb sind sie nie vergriffen. Books on Demand sind die über den klassischen Buchhandel und Internet-Buchhandlungen zu beziehen.

Weitere Informationen über den Verlag und sein Programm unter
www.buchmedia.de

Oktober 2000
LYRIKEDITION 2000
Ein Demand Verlag der Buch & medi@ GmbH, München

Umschlaggestaltung: Bauer+Möhring, Berlin
Herstellung: Libri Books on Demand
Printed in Germany · ISBN 3-935284-24-1

I Vor den Pferdeweiden

Englische Schlager
im Nebenzimmer Eine
Weile im Weltraum

Munterer Nordwind
Kein König Ein Gouverneur
mit starker Nase

Pferde will ich sehn
morgens Schnauben auch selbst mal
Und den Rist finden

Ein Vogel landet
Der Tropfen eben noch fest
am Zweig weht herab

Aus losen Zweigen
Licht das die Farben tupft und
Schatten des Sommers

Lieber Hausmeister
sein der vorbeikommt und mäht
oder ihm zusehn?

Ein rotes Haus weit
draußen allein hingetupft
von einem Meister

Horchen und Zählen
Der Melodie auf den Ton
springen und lieben!

An den Händen rie-
chen und den Vögeln lauschen
wenn sie vorbeigeht

Albern gesenkte
Stimmen in der Landschaft Hier
kommen wir Deutschen

Weiße Hemden auf
Rädern Gebauscht vom Wind-
stoß Fern der Heimat

Und wieder schwingt sich
die Taube rein ins Geäst
Wer liebt Matronen?

Das Pferd hat den Mann
entdeckt Es tritt bedächtig
seine Schulden an

Baumlicht Wipfelwind
Um und um kehrt sich das Herz
um ein Mensch zu sein

Frohes Getöse
kommt von der Badeanstalt
Köpper Klatscher Hall

Die Zugpfeife pfeift
an den Bahnübergängen
Es sind etwa acht

Hochgeweht der Zweig
Ein kleines Geheimnis Das
Nest eines Menschen

Was zu sagen war
hängt mit Melonen am Haus
irgendwo im Süden

Das kleine blonde
Roß trinkt aus dem Eimer die
Mähne vor Augen

Ein Schlager plötzlich
Nach einer Nacht voller
Zweifel und Größe

Das nackte Mädchen
gräbt die Blumenzwiebel gleich
in der Frühe ein

Komm zurück Holo-
fernes! Kleine Geisha! Heut
sind die Räume frei

Der Hut weht vom Fleck
weg ins Feld Wozu noch den
Nagel der Liebe?

Meine traurigen
Schimmel Kopf an Schweif stehend
Umtost von Fliegen

Auf dem Stumpf der Spatz
Dem Flattern des Pulks folgt er
hinaus ins Grüne

Wie stürmisch der Wind!
Bläst mich übers Geländer
auf schwarze Wellen

Ihr Schmetterlinge
schmuggelt euch ein in alle
Lüfte vor der Tür!

Unbesonnener!
Sieh zwischen den Baumstämmen
die Pferde stehen

Schattenwurf eines
Mittags in meinem Rücken
Das Bild wächst zum Blau

Der Schecke wandert
zu dem Braunen und wiehert
Nun kommt das Sprichwort

Die Astgabel von
Vögeln in Ruhe gelas-
sen sieht sehr ernst aus

Erster Sonnenfleck
auf dem Tisch Wo ich jetzt bin
muß ich gut zählen

Im Tau die Gräser
Das Gurren der Tauben noch
ganz in der Gurgel

Wo ist die Gabe?
Ich lausche auf die Stellen
die lachen können

Die Fliegen summen
um ein paar Grad mehr Die Luft
ist noch nicht schwanger

Auf meiner Suche
treffe ich die Vokabel
Sie ist einsilbig

Flammende Herzen
Das Grün einer Wegbiegung
bleibt unvergeßlich

Laß mich sehen: Ja
Die Rinde der Birke ist weißer
Der Falter gelber

Ohne die Stimmen
der Fliegen finden wir nicht
unsere Ruhe

Im Bahnhof stieg sie
die Treppe zur Toilette
hoch und sah sich um

Mit seiner Pfeife
und seiner Frau fährt er gern
in die Ferien

Aus offener Tür
den alten Mercedes sehn
Sein Schwarz Seinen Stern

Am Zaun weht Plaste
Zitronenfalter flattern
darüber hinweg

Auf alten Schienen
balanciert ein kahler Mann
Die Glatze schielt her

Hufschlag für Hufschlag
Ein Pferd kommt langsam näher
durch das Sommerloch

Filme wiedersehn
wegen der Worte Damals
schenkten sie das Bild

Der Kammersänger
berühmt für seinen Frühling
verlor einen Ton

Die Frau hält lange
Es ist ein dunstiger Tag
Dann steigt sie aufs Rad

Ne Staubfahne weht
gemächlich rüber zu mir
Es war wohl ein Ford

Wie schön die Freunde
Arm in Arm durch Schatten und
Sonne fortgehen

Der Reitersmann jagt
durch die Noten verfolgt von
wilden Hornisten

Es ist schon lange
her daß ich Dreizeiler schrieb
Über fünf Tage!

Es gab jemand der
die Trense auf die Weide
zum Sommer brachte

Weide Von Pferden
platt geweidet Brennesseln
stehn als Inseln da

Schleifen nachts im Gras
Von morgens bis abends die
ruhelosen Gäule

Nun redet wieder
das Radio Mit Stimmen
aus der Kenner Welt

Eine weiße Bank
Ein weißes Laken Und weiß
ist der Schmetterling!

Er fährt immer noch
mit seinem alt gewordenen
Kinn durch die Gegend

Das Licht flitzt über
alle meine Hände bis
ans Ende des Tags

Rasch trocknet der Wind
die vielen Wilden Tränen
und ködert das Herz

Wehendes Bett auf
der Leine Welch Einfachheit
wenn es herabweht!

Es gibt den Regen
der schräg pfeift für Einsame
wenn sie allein sind

Noch sitzt er am Tisch
Ein echter Sommer Voller
Luft und Farbenmut

Mähnen von Wolken
Schneeberge oben Schäfchen
Manchmal Stratos

Sonne teilt den Dunst
auf den Wiesen und leuchtet
den Liedern der Vögel

Frontal der Morgen
Eine Packung Witterung
wenn ich will mit mir

Mit dem Zeh hebe
ich aus dem Bett den Vorhang
Gemalter Himmel

Vor allem Tauben
Ihr hohler Ruf von weither
in den alles ragt

Er hält es nicht aus
der Maler und geht zum Pferd
im Sommermorgen

II Herbst/Winter. Morgenübungen

Für Annemarie Laner, deren »Abendübungen« in Worpswede ich gern ansah.

Mit der Post

Zapfen unterwegs
Sind es Häher Ist es der
Wind Fällt nur ein Strahl

Der noch wärmenden
Sonne? Es gibt Ursachen
für das schöne Bild

Für das raschelnde
Aufpochen danach Bevor
es dann stiller wird

Das Unterbrechen
der Zeit Eine Einladung
für um 19 Uhr

Das macht dies kleine
harmlose Zapfenfliegen
zum Bild eines Traums.

Das Fahle

Wie zum letzten Mal
lümmelt die Sonne flüchtig
fahl auf den Weiden

Irgendwo hinten
steht Scheune oder Haus Rot
aber sehr entfernt

Ist es die Luft die
still wird oder der Motor
in der Nachbarschaft?

Jedenfalls regnet
es nicht Wer könnte hinaus
und ein bißchen gehn

Körnerbrötchen holn
oder andre knappe Dinge
tun wie Grüßen

An der Baustelle
fragen Wie lange das noch
dauert Dieser Scheiß

Ruhig altes Brett!
Das Jahr hat nichts mehr drauf Nur
Moderluft vom Herbst

Nachdem das feststeht
macht wer das Fenster zu und
ißt sein trocken Brot

Es wird Anrufe
geben Nachfragen Nette
Bilanzen Das ja

Aber das Fahle das
ganz und gar Fahle fällt von
den Dingen nicht ab

Er nannte noch seinen Namen

Zettelwirtschaft Noch
nichts in Sicht was nach Winter
riecht am Telefon

Was für ein Klirren
draußen Eisenstücke und
Stimmen wie Eisen

Der Himmel hebt sich
und gibt den schönen Herbst her
Den Wind Ein Ahnen

Wie so oft möchte
ich meinem Sohn den Rücken
kraulen wo es juckt

Das Blatt kräuselt sich
auf der Fensterbank Sein Gelb
wird blaß und blasser

Laß es mich wissen
Herbst wenn ich vor meiner Tür
dein Laub ehren soll!

Stop! Ein Haß lädt auf
was draußen poltert Der Kopf
dehnt sich zum Laster

Was ist das in mir
das rast und mordet Ein Stoß
opfert die Liebsten

Tödlich verunglückt
der Freund des Sohns Riß eines
des Gesprächsfadens

Ruf mich ruhig an
auch nachts auch störend den Krieg
großer Gedanken

Hört ich den Häher?
Als ich aufblicke zittert
der Eichbaum noch sacht

Die Tauben sind so
ungeschickt Immer fallen
ihnen Eicheln weg

Sag doch was Tropfen!
Wie du da hängst lässig ge-
beutelt vom Windstoß

Sie hustet Raucht Wenn
sie den Sandweg herab kommt
hör ich ihr Leben

Ein gelbes Signal
unter den Bäumen Reden
Einer spuckt immer

Blutdruck Gedanken
Brüchige Bilder Herbst Tod
knackt auf den Wegen

Und plötzlich ein Schein
von irgendwo Aufglühn
der schönen Farben

Sie schaufeln den Weg
weg Schenken der Erde was
Gähnende Rohre

Silbenfalle Läßt
mich zählen wo das Wort steht
für den letzten Mond

Grau ins Bild hängt und
triefend das Gewölk Das Gras
glänzt grün gelb und still

Von weit her rufen
die Manen Schnitter Tod war
da zum Übersetzen

Wenn das Bild bricht bei
seinem Namen Eben noch
kann er ihn sagen

Weggerissen der
beste Freund von einem Laster
Für immer im Riß

Er ist da wo ihn
die Gerechten denken Sohn
Wo Gott ihn fest hält

Gott das ist der Zu-
sammenhang an den wir noch
am Abend glauben

Auf seinem Weg zur
Arbeit dem Unsagbaren
tödlich begegnet

Üben

Immer die Ruhe
Das gewöhnliche Brot Das
Fliegen der Taube

Die Zeit ist prall am
Morgen fett auf gute Art
Ich senke den Kopf

Und was sehe ich?
Letzte Blätter hängen im
Busch Fremde Auch hier

Herangeweht von
listigen Winden Aus den
Himmelsrichtungen

Verliebt in den Ort
den der Stolz einst anderswo
lässig geraubt hat

Nun schwenk ich ganz hin
Robert in die Welt des Zauns
und warte am Tor

Schon singt der Pfosten
sein Lied das dein Lied ist und
bringt mir ein Lachen

Was heißt Lachen Frost?
Händereiben eher Die
Freude an Nüssen

Ich schmecke das Brot
noch den Quark was ich noch aß
Tag vor deiner Zeit

Nun halt ich den Kopf
ruhig und sacht hingesenkt
in deine Himmel

Haydn, Sonntag

Von den Bergen der
Pflicht wie zugeschüttet Sitz
ich sinnend am Tisch

Ziehe mit Wolken
weiter Nehme den Teppich
später und bleibe.

Vom Bett aus

Ich wache auf vom
Geräusch Ein Grashüpfer springt
in der Plastikbox

Die Weste übern
Tornister gehängt radelt
das Mädchen nach Haus

Das Maul auf dem Kopf
des andern schaut das Pferd zum
Horizont der Welt

Wir wissen es

Ein Schneckenhaus mit
Loch hat sie mir hingelegt
auf einen Stapel

Geliehenes Ganz
obenauf Nur ein Fundstück?
Gefundenes Loch?

Ich steh und sinne
und seh ihre Hand Finger
mit kleinen Wunden

Verpflastert und schmal
Ich hab ihr Geschick gelobt
und träumte davon

Bilder mit viel Rot
Sie ragten hinüber und
liehen alles aus.

Wind sehen

Sonne auf dem Schnee
Droben weißblau das Muster
aus Himmel und Glück

Ich sage: Winter
Als langsames Geschenk Schnee
auf zarten Zweigen

So still ist das Tal
So aufgebracht in einem
fernhin Rauschenden

Daß die Fortsetzung
gerade erst entstehen
wird wenn ich sehe.

Nachlass

Wie dagelassen
die Stille des Weltdorfs an
Mühle und Hamme

Rottöne finden
die Augen einige und
noch ein paar Schatten

Auf weißen Wänden
die ihre Schmutzspritzer schon
ehrenvoll tragen

Keine Idylle!
Nein das nicht Umfeld der Kiefer
die regungsvoll steht

Erschöpft vom Winter
Sturm zwar Müde des Sinnbilds
neben dem Eichbaum

Briefe von weither
erzählen Möglichkeiten
von Welt den Eltern

Das Piepsen tut wohl
das keiner mehr kennt der will
Das Singen tut wohl

Doch immer noch grün
in dem Blau und an ihrem
Harz interessiert.

Kalligraphie

Auch die Meise nicht
mehr Auch die Amsel nicht mehr
Auch der Brief nicht mehr

Auch die Brille nicht
mehr Auch die Kiefer nicht mehr
Die Oma nicht mehr

Auch das Brötchen nicht
mehr Auch der Tee nicht Und nicht
mehr das Glas Wasser

Der Mondschein nicht mehr
Auch sein Schatten nicht mehr Und
die Leuchttürme nicht

Die Kastanien
nicht mehr so schwer sie fallen
Auch die Eicheln nicht

Auch die Schüssel nicht
mehr voller Äpfel Birnen
und Pflaumen nicht mehr

Auch der Winter nicht
mehr Und auch der Schnee nicht mehr
Und auch nicht das Weiß

Nach dem Aufwischen

Ich seh den Vogel
und denke: Mit ihm könntest
du lange leben

Ist's ein Zaunkönig?
Die zu kleine graue Faust
mit rötlicher Brust?

Ich stelle echte
Fragen An die Kohlmeise
draußen auf dem Stuhl

Die zarte Stimmung
vor ihrem Gefieder und
ihrem Blick tut gut

Nicht immer nur im
größten Anspruch vorkommen!
Es gibt auch Pausen

Nun wendet meine
Meise ein Blatt unter der
Kiefer Es leuchtet braun

Den Zaunkönig und
sein Rotes überseh ich
Sein Wuchs ist so klein

Ich erwähne die
Sonne Ihr Lichtspiel im Gras
Da! ist mein König

Noch einmal holt der
Herbst alle Farben heran
Noch einmal strahlt er

Ich bin so glücklich
Ich erkenne Blatt um Blatt
des Eichbaums im Blau

Der alte Pfosten
da hinten öffnet sein Herz
Auch er ist Gesang

In kleinen Partien
rutscht ein Blatt am Stamm herab
bis auf den Boden

Übers Jahr! hör ich
in der Stimme der Mutter
Es hat getröstet.

Inzwischen

Fragwürdig auch hier
Die paar Grad Plus am Fenster
sind noch kein Winter

Es ist eine Form
der Ruhe halb abwesend
zu sein für andre

Heinz Bennent war das
Vorbild Er wandte sich den
Dingen ruhig zu

Wie im Kino die
Franzosen Yves Montand Jean
Louis Trintignant

Lino Ventura
aushielten was sie taten
bis es selbst da war

Sie aber allein
schienen Allein wie eine
Frage im Zimmer

Schall und Reif

Und dann ist er ge-
storben erzählte ich Reif
lag auf den Wiesen

Als ich morgens mit
dem Hall dieses Satzes auf-
wachend hinaussah

Und jenes Lied von
Harry Belafonte pfiff
wie schon seit Tagen

Das er um Mitter-
nacht in einer Talkshow ge-
sungen hatte Try

To Remember für
Audrey Hepburn Und auch Brecht
hatte er erwähnt

Ich höre dich gern
pfeifen hatte sie gesagt
der ich erzählte

Und die so wunder-
sam zuhörte und zusah
wie ich Sätze sprach.

53

Sturm in der Kiefer
Ein Niesen hinter der Wand
Nach dem Herbst Winter

Ich sitze am Tisch
vorm Frühstückstablett Sammle
Wetter und Wünsche

Mondschein auf dem Reif
Das klare Licht der Heimat
das mich ins Buch rief

Den Schneewunsch Erste
Spuren zum Freund Die Grab-
nummer der Mutter.

The North Country

Ich hörte das Lied
Es kam mit einem Ton aus
der Wand zum Nachbarn

Mit einem Ton! Und
sofort stand ich morgens in
der großen Landschaft

Amerikas und
war jemand der ein Mädchen
sieht das etwas ruft

Man hört nicht recht was
Doch man sieht den Morgenhauch
und das helle Kleid.

Es ist auch Staub dabei

Das Fahle wieder
Wintermorgen Quietschen der
Tür in der Angel

Denn Luft muß rein Auch
die Partikel die von fern
ein bißchen Sonne

Durch die Welt tragen
Bis ich es endlich merke
und Hallo sage

Schenk mir dein Gesicht!
ruft es in diesem Märchen
wenn ich nun niese.

Für Albert Borchardt

III KAFKA WAR SEHR GROSS

Kühl der Fensterwind
auf dem Arm Härchen regen
sich auf und flimmern

Wieder Laute von
unten Firste Das Leuchten
der weißen Wolken

Ein Moped meckert
und will den Rand nicht halten
Trotz allem Guten!

Pochen und Klopfen
Gar nicht mal laut Ein Greis bleibt
doch bei der Sache

Der Anlasser sucht
seinen Motor zehn Meter
weiter im Sommer

Dächer hab ich hier
Rote und dunkle Voller
funkelnder Spiegel.

Gerüstgeschichten

Der Dachdecker der sonst die
Ziegel runterwirft

Pinkelt heute im
Bogen bis hin zur Fichte
den Strahl aus Orange

Keine Sorge! Schreit
Lena Ich brauch grad Farbe
für meinen Drachen!

Süsse Achtzig

Wenn ich ihr den Rest Honig nicht lasse
und nicht den allerletzten den sie mit Tee
(oder Kaffee Ganz egal) aus dem Glas spülen will

Schmatzt sie Sie schmatzt

Und ich nehm mein Frühstück aufs Tablett
und verzieh mich ins Arbeitszimmer

Da sitze ich nun
und glätte Haß- und Hitzewellen:

Drei Brötchenhälften mit Honig ...
nur um das letzte Süße von den Glaswänden
in Tee gelöst einheimsen zu können!

Wir verstehen uns nicht sage ich
auf Anfrage und erwähne das Raubtier
selten.

Im Sommer ab

Schulentlassung Regen Seifenhauben
für Lehrerautos Pferdeküsse
für ein paar Kleine So sehr erfinderisch
ist auch dieser Bierumzug nicht
Und einzelne gibts nicht mal auf Bildern
Notgedrungen der Slogan Der Star ist die
Seife

Ganz unten war die Toilettenwelt Funzel
Höhlen ohne Papier Nicht abschließbar
besetzt verschmiert stinkend Eine Drohung
der Schulleitung an Leute die keine Eins
vors Komma setzen ...

Es gibt auch Text Jaha
Fragebögen für verstellte Stimmen
Ulktests für schräge Stimmungen
Gruppenfotos mit Sonnenbrille ohne
Gemeinheiten auf die Harald Schmidt kam
oder kommt Und solche scharfen Sachen
die der Konsum der Pornografik schenkt

Noch'n paar Tage in Rom ...

Und die Moral? Aus comedies
herausgelutschte Lacher
(für die andern und alten).

Plaudern

Ins Gespräch auflösen was gilt
Den Vers der das Geliebte trägt
Nachrichten vom allerletzten Stand
Plötzlich schlägt etwas zurück
im Sturm Die andern räkeln sich
Es ist so helle Nacht Vollmond
Und über jeden Hof flüchtet ein Ich
Wie ein schmales heimisches Raubtier.

ATMEN VOM BLATT Und selber
den Papiertraum bringen wollt ich
Dafür den Vorhang zu Ich zog
ihn auf für dieses gelbe Licht

Im Abend: Alltag gesammelt
unterm Schein Die Freundschaftssucht
befiel mich da Der Ruf nach Nachbarschaft
im Deutschen Haus in Eschede

Und wollte in der Wiese suchen
nach Nadeln oder Niesen.

FLEUROP gibt's hier nicht mehr
Der Hochzeitstag hat wenig Chancen

In Bildern lesen Ein wenig
bleiben Und an die Ferne denken

Ich kannte einen der immer Nö sagte
Und damit meinte er nicht Nein

Und wenn er nicht Nö sagte
Sagte er Äh Aber damit meinte er Ah.

DIE AMSEL flog mir fast ins Hemd
Das Rotbrüstchen schwirrte vom Zaun.

Ohne seinen Ranzen ging er eines Tages los
Sieben acht Jahre
Ich rief: Wo ist dein Ranzen?
In den Rücken dieses Spatzenpulks
o Anmut
Du kennst weder Zeit noch Ziel
Da hüpfte er hoch
Und trabte zurück
Der zerstreute Professor

Der den neu gekauften Strohhut
mit nach Rom zu nehmen vergaß
Da liegt er nun auf der Ablage
Der schöne gelbe Hut mit buntem Band
Hoch oben
im Flur vor
weißer Wand
Und ich seh ihn wieder hüpfen.

Termine

Nur Musiker und Italiener... summe ich
zum Takt des Regens
Er fällt schon lange
grade runter

Der Blick hat Mühe mit dem Astloch
Und doch lächle ich
und spitze die Lippen zu den Sendezeichen
der Telefongesellschaften

Draußen irgendwo im Äther ... summe ich
In Triest oder im Konzertflügel ...
Und strichele Männchen an Ränder
Mit Saxophonen und gefönten Frisuren.

Kafka war sehr gross

Er trug einen Hut mit Kniff
und breitem Schwarzband

Sein Lächeln Zwischen
Ohren Vor fernen Bergen
saß leicht im Gesicht

Ich fragte ihn Was
ist authentisch? Und er nahm
die Frage sehr ernst

Und wollte seine
Freunde fragen Willy Haas
Max Liebe Namen.

für Walter Helmut Fritz zum 70. Geburtstag

Irgendwo hinten
glitzert ein Punkt auf einem
Dach wie die Lösung

Mag es ein Fenster
sein Oder ein Wunder Nur
ein Blick rettet uns.

Leuchtende Tanne

Ein Schneewind hat »SAU«
aufs Nachbardach geweht

Beim Lesen in Cortázars Schriften
treffe ich seine Ameise

»Letzte Runde« heißt das Buch
in dem Platz für Krawatten ist.

Knistern vor der Tür Ein Mensch
der nichts mit sich anfangen kann

Andere belegen das Telefon
mit einem Lügenmarathon

Als gäbe es die Gesellschaft
aus Lügen und Knistern.

Hitzeschriften

Schlußrevision – les ich vom Packen
Es steht da geschrieben
Ein Brummer pocht Pausen gegen die Scheibe

Geräusch als würde die Schwiegermutter
ihrem Urin einen Eimer Dreckwasser
nachschütten

Ich weiß auch nicht warum
sie wie ein Tier leben will!
sage ich laut hinüber
als antwortete ich meinem Sohn

Unter den Nazis sprachen die Nazis laut
(das konnte schon alles sein
denn den Komplizierten
sollte der Garaus gemacht werden)

Die Deutschen sind immer am liebsten
Idealisten gewesen! rufe ich dem Dorf zu
Für sich selbst hatten sie genau so wenig übrig

Allenfalls den letzten Dreck
mit dem sie alt geworden sind.

Die Taucher

Hochgezogene Huis von der Straße
Das Helle Kopfstimme
Sparte Lust und Katastrophe
Aber wo?

Ein Sommer der zu denken gibt
Herangefahren von überallher
Und doch gemächlich
Noch gemächlicher
Wegen laufender Weltmeisterschaft

Als Außenseite eines großen ernsten Gedichts
Tabellengedicht Torgedicht

Mit dem Anstoß aufzuwachen
Die Sensorien hinzusenden
Zum eingekreisten Ort
Zum Überzahlspiel in jedem Fall
Auf dem Feld Vor den Stadien

Wir die das Blut nicht lecken
stehn am Fenster Einst unsere
Wolkenfenster Wir erinnern uns
Es gab eine Zeit der Haut
Mit Haut und Haaren fraßen wir
die Geliebte am Silber-See.

Wie sie so lehnen teils
teils Neben schimmernden
Mächten Eine abgeschnittene
Öffentlichkeit Uns Zitaten
so zitieren sie was hustend
Und einfach eingerührt unge-
rührt Endmoränen Die Monaden
grau scheuernd
                    denke ich oft
Sie werden ihr Spinnenbein
und auch ihre eingelöffelte
Kindheit Die schönen Deutungen
und die Weichteile wieder
haben wollen und ihre Spucke
sammeln wenns ans Erben geht.

Einer der Telefonredner am Apparat

Er will nix hörn Schon gar nicht zuhörn
Höchstens ein Ja Ich ersterbe wissen
und Versprechen einheimsen was über ihn zu: machen
Ahja Er braucht Flöhe und Biedermänner
zum Opfern

Und dann die Schwiegermutter
der Regen
und der verstauchte Finger

Kurzum eine neue Lupe muß her
Die Standlupe Lampenform die man nicht halten muß
vom Schreibtisch Arno Schmidts
Ohne Schnapskaffe und ohne Hausverputz
Sein Findling hingegen Seine Wiese
Mehr von dem Licht dessen Schleusen
ich mein Lebensschiff anvertrauen will.

Unsere Vorsicht

So wird es nie mehr die Tage geben
unter Kastanienbäumen
Wir trafen ein und hüllten sie
schon aus offener Türe in unser Lächeln
als guten gefälligen Menschen

Nun keine Frau
mit eigner Familiengeschichte
mehr Viel zu früh
Eine Erinnerung Unter Kastanienkerzen
weißen und roten Dem lichten Grün
Und fallend und springend aus
Stachelgehäusen dies leuchtende Braun
Wie keines
Und unserer vorsichtigen
Sprechweise Die Gehilfin
(Die keine Prüfung bestand
Und bald verschwand).

Dunst über Dächern

Rotes Erstrahlen im Licht
Nenn ich es Heimat?

Ein Vogel singt laut
Nun soll ich schnell hinaus
und dem Lied folgen

Mit einem Wischtuch
durchs ganze Haus Der Morgen
gibt ihr schließlich nach

Wie schön ist die Not!
Sie ist einsilbig und zählt
die Tassen im Schrank

Der heisere Ruf
Lange ein Vogellaut im
Indianerland

Ein Dächertableau
den Berg hinauf Ich horche
dem Wort fröstelnd nach

Die Tanne Mein Schirm
Mein dunkler Prinz vor meinem
Fenstermorgenhell

»Mor-gen!« ruft wer ins
Treckertuckern Auch drunten
wird der Himmel blau.

In der Lesewelt

Mit der Müdigkeit des Kopfes gehen
Voran In der Nähe von Tapeten
Die Warze am Nacken des Freundes
Wie sie sich zur Musiktruhe bückt
die zwölf 45er als Stapel für den Zehnplattenspieler
aufstockt
Und wie eine nach der anderen runterklackt
Wüstendünen mit Karawanenmusik und der Spur
eines runterpurzelnden Angeschossenen
Unten liegen dann Namen
wie Vladimir Jorge oder Gilbert
die durch eine Welt des Luxus geistern
Empire des Wohls und der Wehen
Und ein Gähnen zum Flug des Balles
Die Lektüre nach der sich der Bibliothekar die Augen
rausreißen will
Ganz hinten vor einem Zaun
ein Junge mit einem Eimer
und der Erfindung der guten Laune
Das Nicken der Lider und der Lachfalten.

Schweige Mutter

Ich komme auf das weiße Blatt
zurück und schreibe
das Wort Schwiegermutter
Male ein Heim für Hexen
und all ihre lockenden
Fragen und heiseren Wieder-
holungen

Auch ich wünsche mir Durch-
lässigkeit Den Traum zum Wort
Ein Wind soll hindurchgehn
Düfte und Wimpel hertragen
Erinnerungen und Lose zum
Gelände vor Ort für einsame
Wanderungen.

Mit krausen Lippen
küßte sie mich auf den Mund
Zum Dank für alles

Es war schon Abend
vorbei Der Mond schien durch das
Riffelgras auf uns

Die wir einen Film
gesehen hatten um in
Japan still zu sein.

Sind noch Schwalben da?
Zwischen hier und dem roten
Nebeldach flitzt es

Kann jemand die Elster
aus der Baumkrone schießen?
Damit Frieden ist

Stimmen der Natur-
gedichte hört man so gern
von alten Zeugen

Schon tritt das Nebel-
kleid aus seinem Vers hierher
und nimmt die Birke

Die Lust auf Schönschrift
Hinter der Scheibe der Herbst
als buntes Füllsel

Das Wort »emsig« tönt
im Ohr mir aus früheren
Zeiten und Fluren

Das Glück zu gehen
Im Studio ist alles
getan Oder nichts

Das Fell der Pferde
wächst im Gegenlicht Der Hauch
vor ihren Nüstern.

Hüte aus Rauch dem
Himmel zugetan Ketten-
fahrzeuge im Schnee

Der Mond war eine
Erinnerung im Westen
Blaß bis zum Mittag

Aus der Bestäubung
nur manchmal unterbrochen
durch ein loses Tschilp

Und einmal klopfte
am Fenster einer mit einem
Angesicht aus Licht.

HERR HERBST geht jeden
Tag seine Runde von Imbs-
hausen nach Echte

Und zurück Einen
kleinen bunten Rucksack auf
dem Rücken und ein

Lächeln im Gesicht
Guten Tag Herr Herbst! Rufe
ich Vorbeifahrend

Abgase stören
ihn nicht Er ist Rentner Er
braucht seine Runde

Was ist im Rucksack?
rufe ich Aber ich bin
schon lange vorbei

Vielleicht das Lächeln
sage ich Und wenn jemand
kommt setzt er es auf!

Lieber Erich Fried

Was tue ich?/ Anrufen?
Aber wen/ letztendlich

Fragen/ schon nach ner
Viertelstunde/ Fernsehn

Ein Blatt/ liegt auf der Scheibe
Gelbes kleingezacktes/ Birkenblatt

Vom Baum/ vor meinem Fenster
Das mischt sich/ ins Gespräch.

Malerei

»Gewölle« stand dort/ im Text
über seine Bilder/ darunter »Nachschlagen
(Hat es mit Eulen/ Scheiße zu tun?)«

Nun war »Knäuel«/ im Gespräch
Ich erinnerte mich/ an »Gewusel«
(Vielleicht in/ Gänsefüßchen)

Wir einigten uns/ auf »Licht
des anderen«/ (aus Farbschichten
des Freundes damals/ und noch immer).

EIN BLAUWEISSER Rahmen
Grüner Untergrund
für ein paar Fragen
Das war schön

Freunde das Wort schon
Wir gingen und gingen
und spotteten
über den Hundertfünfzigprozentigen

Du wirst Missionar
Millionär und Auswanderer
Dein Sohn kann fliegen
Und es stimmte

Jeder Anruf traf
ein neues Leben voller
glücklicher Katastrophen
und Nachkommenschaft.

Im Winter Augen
aufschlagen Weiße Straßen
wie nie mehr sehen

Das Jahrhundert schläft
Ein Zacken Fladenbrot liegt
noch neben dem Wein

Zapfenwelt Flocken
die aus Blau herabsegeln
so weiß wie früher.

Januar Monat

der Schleimabsonderung
-verhärtung Ich schrieb
von Motorrädern als ich
einsam war nur
einsam Damals
rief täglich der Freund an
Wir waren verrucht
Nannten ihn Wadenbeißer
Opernstimme Bettelmönch
mich wer weiß wie
Die Motorräder rumsten
vorbei ins Weite ihres Hall-
raums Ich saß
ähnlich wie heute
Vergaß den Schnupfen
des neuen Jahres.

INHALT